Adeilson Salles

DIÁRIO de um Fantasminha 1

intelítera

intelítera
editora

Obrigado por comprar uma cópia autorizada deste livro e por cumprir a lei de direitos autorais não reproduzindo ou escaneando este livro sem a permissão.

Intelítera Editora
Rua Lucrécia Maciel, 39 - Vila Guarani
CEP 04314-130 - São Paulo - SP
(11) 2369-5377 - (11) 93235-5505
intelitera.com.br
facebook.com/intelitera
instagram.com/intelitera

Os papéis utilizados foram Off Set 75g/m² para o miolo e o papel Cartão Supremo 250g/m² para a capa. O texto foi composto com a fonte CoopForge 14,5/22,5.

Editores
Luiz Saegusa e Claudia Zaneti Saegusa

Direção editorial
Claudia Zaneti Saegusa

Ilustrações e Capa
Rui Joazeiro (Traço & Compasso Estúdio)

Diagramação
Carlos Eduardo P. de Sousa
(Traço & Compasso Estúdio)

Revisão
Claudia Zaneti Saegusa

Finalização
Mauro Bufano

Impressão
Gráfica Printi

6ª Edição
2025

Diário de um Fantasminha

Dados Internacionais de Catalogação na Publicação (CIP)
(Câmara Brasileira do Livro, SP, Brasil)

Salles, Adeilson
Diário de um fantasminha / Adeilson Silva Salles -- ilustrador Rui Joazeiro -- 1. ed. -- São Paulo : Intelítera Editora, 2015.

ISBN: 978-65-5679-053-4

1. Literatura infantojuvenil I. Joazeiro, Rui II. Título.

15-00156 CDD-028.5

Índices para catálogo sistemático:
1. Literatura infantil 028.5
2. Literatura infantojuvenil 028.5

ESTA É UMA OBRA DE FICÇÃO.

PARA MINHA AMIGUINHA ANGELICA SAEGUSA
(ANGEL).

1º DIA

Não sei por que, mas sempre tive a sensação de ser tratado como um menino invisível, por isso resolvi escrever este diário.

Você já leu algum diário escrito com uma mão e duas cabeças?

Acredito que não, mas depois que você ler, vai entender o que estou dizendo.

Meu nome é Bernardo, mas sou mais conhecido como "Fantasminha".

Eu não tinha superpoderes, mas sempre desconfiei que tinha pelo menos um, o poder da invisibilidade.

Na minha casa era assim, eu passava o dia inteiro na escola e quando voltava pra casa, meus pais, quando eles estavam em casa, não me enxergavam.

Meu pai ficava no computador e minha mãe no celular.

Às vezes eu tentava falar. Dava um aceninho com a mão, mas ninguém me via.

Quando insistia dizendo, manhê...

– Pega no armário! – ela apontava sem olhar pra mim.

E só para provar minha invisibilidade, eu abria a porta da geladeira e ninguém notava a diferença entre armário e geladeira.

Meu poder de invisibilidade só não funcionava com o meu avô Zeca, pois ele só tinha olhos pra mim.

Quando ele chegava em casa, era uma festa, sempre me trazia livros e doces.

Mas depois de um tempo, meu avô Zeca foi quem se tornou invisível, ele morreu e eu não pude mais vê-lo.

2º DIA

Meu poder de invisibilidade também acontecia na escola, pois ninguém me chamava para algumas brincadeiras.

Só mesmo no jogo de futebol é que eu era visto por todo mundo, não sei por que, mas acho que o único que tinha bola oficial era eu.

Mesmo assim não entendia muito bem, porque eu era escalado sempre como goleiro e nunca no ataque, minha vontade era fazer gols.

Mas tinha um problema sério, sempre tive dificuldade em defender os chutes a gol e normalmente meu time perdia.

Graças as minhas grandes atuações no gol eu fiquei conhecido como "pega no fundo".

As atuações eram grandes porque os placares contra o meu time sempre eram tipo: 8x0, 6x1, e me lembro de um dia que levamos de 12x0 e eu saí de campo com a galera gritando meu nome e correndo atrás de mim.

Ah... Tinha mais uma pessoa que me enxergava, era a Angel, minha colega.

Ela também reclamava que era um pouco invisível e que só a enxergavam para certas coisas.

Perguntei a ela se toda sua família tinha o olho puxado como ela.

Os olhos da Angel são como os do Ben 10.

Ela respondeu que só o pai e o irmão tinham o olho puxado.

Eu ia tentar consolá-la, porque talvez a família não a enxergasse por causa do olho mais fechado do que aberto, mas não era o caso.

Minha vida era assim, brincava muito sozinho com minhas coisas e meus livros.

Os livros eram meus grandes amigos e não foram poucas as histórias que vivi entrando neles, na hora da leitura.

Quando eu gostava muito de um livro, costumava dormir abraçado a ele.

Quando lia livros de reis e rainhas me via de armadura e com uma lança nas mãos, matando dragões.

De vez em quando era príncipe, de outras vezes, me sentia como um duende dentro da sala de aula. Já me senti também como um super-herói.

Já fui Batfantasminha...

Fantasminha Aranha...

E Super Fantasminha...

Todas as vezes que abria um livro, sentia nascerem asas em minhas costas, mas eram asas diferentes, pois pareciam um livro aberto.

E era assim, bastava ler, que o livro enorme batia asas em minhas costas, pois estava aberto para eu voar pelo mundo da imaginação.

Gostava também de pegar livros na escola.

Muitas vezes, quando tocava o sinal do intervalo de aula, eu ficava sozinho na sala e ia até a mesa do professor e virava para a classe, fazendo a chamada e querendo ser como ele.

3º DIA

Eu não ligava já há algum tempo, que os meninos da escola me chamassem de Fantasminha, porque eu era muito branquinho e a maioria dos colegas não prestava atenção em mim. E é por isso que todo mundo me chama de Fantasminha.

Eu já ia me esquecendo, mas no dia das provas todo mundo me enxergava, e queriam até sentar do meu lado pra poderem colar os meus exercícios.

Tem uma coisa que eu gosto muito. Adoro escrever poesias. Essa foi minha primeira:

PARA DE PEGAR NO MEU PÉ
SE EU ME TRANSFORMAR EM HULK
VOCÊ VAI VER COMO É QUE É!

Mostrei para a professora e ela disse:

Então, como um poeta de muito futuro, escrevi meu segundo poema com o coração:

TUM! TUM! TUM!
MEU CORAÇÃO BATE ASSIM
QUANDO COMO PIPOCA
O SACO LOGO TEM FIM

Corri para mostrar de novo para minha professora e ela disse:

Foi aí que decidi deixar de lado, por enquanto, meu futuro como grande poeta.

Mas eu gostava mesmo era quando a Angel sentava ao meu lado.

Se posso falar de uma amiga de verdade, essa amiga era ela.

Depois que nos tornamos grandes amigos, fui algumas vezes brincar na casa dela e o irmãozinho dela, o Luizinho, que também tinha os olhos puxados, sempre ficava grudado em mim.

A Angel me defendia dos outros garotos.

Uma vez o Bruno quis me bater só porque eu não quis fazer a lição dele, e foi a Angel que me defendeu.

Ela é bem brava e não tem medo dos meninos.

Ela tem um grito forte, daqueles gritos de quem vai dar um golpe de caratê, e quando ela faz isso:

— Yehaaaaaaaaaaa!!!

Não tem menino que fique perto.

4º DIA

Também não posso esquecer da Profi Bete, ganhei dela alguns livros de presente e foi ela quem retirou o papel das minhas costas no qual estava escrito – Fantasminha – que o Jorginho havia colocado sem eu perceber. Foi ela quem teve a honra de ler meus primeiros dois poemas.

Alguns garotos riam de mim dentro da classe e eu não sabia por quê.

A Profi Bete, vendo a gozação, descobriu a razão de tantas gargalhadas.

Este diário pode parecer estranho pra você que lê, mas eu só conto as coisas mais importantes que me aconteceram. Tem muito mais para contar, mas fica para outro diário, quem sabe?

5º DIA

A Profi Bete decidiu dividir os alunos em grupos.

A tarefa era cada grupo criar histórias ou poemas para apresentar na classe.

No meu grupo, ficaram a Angel, o Guto, o Bruno e o Jorginho, que só tinha o nome no diminutivo, ele era um dos brutamontes da escola, devia se chamar Jorjão!

Por livre e espontânea vontade do Jorginho, eu fui eleito o faz-tudo do grupo. Escrevi alguns poemas, e era eu mesmo quem deveria ler, e se a nota fosse baixa, o Jorginho disse que eu seria recompensado devidamente.

Eu já conhecia os métodos do Jorginho.

Ele dizia que muitos meninos escorregavam e caíam com o rosto nas mãos dele. Que viviam sempre fechadas, é claro!

A coincidência era que todos os meninos que ele não gostava sempre escorregavam e batiam com a cara nas mãos dele.

6º DIA

Chegou o dia da apresentação do nosso trabalho.

Torci para a Profi Bete faltar, dobrei a manga da camisa, cruzei até os dedos do pé. Ela se atrasou, mas chegou. Temi pelo meu futuro de grande poeta.

O Jorginho esfregou as mãos.

E eu olhei as mãos grandes dele e fiquei com medo de ser mais um dos que escorregam para bater com o rosto em seus punhos.

A Profi fez a chamada e disse que já ia chamar os representantes e líderes de cada grupo.

Eram seis grupos e cada grupo tinha um nome escolhido pelos seus membros.

LIGA DA JUSTIÇA

OS CAMPEÕES

TARTARUGAS NINJAS

SALSICHA E SCOOBY DOO

SÍTIO DO PICAPAU

AS BETERRABAS (SÓ TINHA MENINAS)

O nome do nosso grupo era Liga da Justiça, e logo eu fui escolhido como líder. Não entendi muito bem por que o Jorginho escolheu esse nome, mas como ele tinha o argumento mais forte, por causa do seu tamanho, aceitamos sem reclamar.

Quando a Profi chamou o representante do nosso grupo e fui à frente, o Olavinho, que sentava no fundo da classe, vaiou.

Então o Jorginho "carinhosamente" disse a ele, mostrando o punho fechado:

— Você é o próximo a escorregar, Olavinho, depois do Fantasminha, se ele tirar nota baixa pra gente, é claro.

Fiquei muito "animado" com o "incentivo" do Jorginho.

Então a Profi disse que eu seria o primeiro a ler as frases criadas por nosso grupo, entenda-se por grupo: eu fazendo tudo.

Então li a primeira:

CACHORRO QUENTE E PIPOCA
É BOM PARA DANAR
EU GOSTO COM MOSTARDA
E TAMBÉM GOSTO DE ESTUDAR

A classe toda bateu palmas para a minha poesia. O Jorginho se empolgou e gritava:

— Já ganhou! Já ganhou!

Eu disse isso piscando para a Angel e o Jorginho.

— E qual é a próxima?

Nessa altura eu já tinha me empolgado, então disse:

EMÍLIA FEITA DE PANO
UMA BONECA QUE SABE FALAR
PINÓQUIO FEITO DE MADEIRA
COM A TAGARELA QUER NAMORAR

E a classe toda gritou:

— Já ganhou, já ganhou, já ganhou...

Dessa vez até a Profi Bete sorriu e perguntou:

— Muito bem, Bernardo, tem mais alguma?

Agora que eu estava certo do meu talento de grande poeta, eu caprichei:

GOSTO DE PIZZA E SUCO DE UVA
DE CALABRESA E MUSSARELA
TODAS AS VEZES QUE COMO PIZZA
ME ESQUEÇO DE CHAMAR ELA

Todos ficaram em silêncio e, depois de um tempinho, caíram na gargalhada.

No fundo da classe, o Olavinho puxou o coro, me vaiando.

O Jorginho, sem que a Profi Bete visse, pegou o boné do Guto e atirou no Olavinho.

O grupo Liga da Justiça ganhou a competição de português e o Jorginho, depois disso, passou a me defender dos outros garotos que queriam me bater.

7º DIA

O seu Ernesto, motorista da van que me levava para a escola todos os dias, também era bem legal. Mas teve um dia em que fiquei invisível pra ele também.

Saímos do colégio naquela manhã e eu sentei na parte de trás da van, bem no cantinho.

Eu sempre era o último a descer, mas naquele dia adormeci e descobri que também tinha o poder da invisibilidade para o seu Ernesto, que só me viu depois que chegou à casa dele. Ele esqueceu de mim.

8º DIA

Era um dia bem diferente, ganhamos ingressos para o teatro e fomos todos de ônibus, fazendo uma grande festa. A Angel foi sentada ao meu lado e fomos conversando. Ela me disse que às vezes também tem o poder da invisibilidade, principalmente quando pede pra mãe dela comprar um estojo de maquiagem.

Acho que todas as crianças ficam invisíveis quando pedem para os pais gastarem dinheiro. Sabe qual o nome da peça que fomos assistir? Eu te conto: Pluft, o fantasminha. Eu gostei muito e me diverti, o Pluft é um fantasminha que tem medo de gente.

9º DIA

Esse é um dia especial, sabe por quê?

É o meu aniversário!!! Uhuuuuuuuuu!

Meu pai não pode estar comigo, ele mandou no lugar dele um quebra-cabeça gigante que comprou pra mim.

A festa foi muito boa, vieram alguns amigos da escola e a Profi Bete também veio.

Dei o primeiro pedaço de bolo pra ela depois de assoprar a velinha.

E o Jorginho disse que eu era puxa-saco da professora.

Assoprei bem devagar, e para não apagar a velinha sozinho, pedi para a Angel assoprar comigo.
Amigos são assim, assopram velas juntos quando fazem aniversário.

Mas ela exagerou um pouco na força do sopro e derrubou a vela em cima do bolo e quase queimou tudo.

10º DIA

Saí para ir à escola e, durante o caminho, ouvi um grande barulho, depois ficou tudo confuso na minha cabeça.

Não me lembro de mais nada...

Por causa do que aconteceu que este diário é diferente, mas daqui pra frente não sei quantos dias se passaram depois disso.

Tudo se transformou na minha vida.

11º DIA (EU ACHO)

Cheguei à escola e dei bom dia aos meus amigos.

E como eu sempre queria agradar a todos, eu imitava os garotos mais populares da escola, então dizia:

– E aí! Beleza, mano?

Erguia a mão para que eles batessem a mão deles na minha, mas que nada, ninguém correspondia.

Até aí tudo bem, já estava acostumado a ser invisível mesmo.

Mas eu estranhei mesmo foi a Angel, que naquele dia nem falou comigo.

Fui até ela tentando conversar, mas que nada.

Fiquei triste!

Será que meu poder de invisibilidade atingiu a minha melhor amiga?

Só uma coisa chamou a minha atenção!

Eu fiquei ao lado dela na classe e...

Uau! Descobri que ela tinha uma foto do meu aniversário dentro do caderno dela.

Achei estranho quando ela pegou a foto na mão e chorou olhando pra nós dois.

Então eu disse:

– Olha eu aqui, garota!

Não adiantou nada, ela não me enxergava!

Voltei pra casa e na van aconteceram outras coisas estranhas.

Cumprimentei o seu Ernesto, que nem me deu atenção.

Os meninos e as meninas que viajavam comigo todos os dias nem me deram oi.

E um deles quase sentou em cima de mim.

Para descer da van aquele dia, foi complicado, porque o seu Ernesto não parou na minha casa, mesmo eu gritando dentro da van.

Como ele não me ouviu, resolvi descer junto com o Flavinho, que mora na rua atrás da minha.

Quando entrei em casa, outra surpresa!

Minha mãe estava estranha, chorosa.

Ela estava emocionada olhando para um quadro novo com a minha foto pendurada na parede da sala. Ela olhava, olhava, olhava...

Que dez!!! Fiquei pensando!

Minha mãe olhando para o quadro!

Acho que não sou tão invisível assim!

Descobri também que ela gostava muito de mim, mais do que eu pensava.

Sabe por quê?

Porque enquanto olhava a foto, ela chorava e dizia:

Gostei muito de ser amado daquele jeito.

Falei com ela, mas ela não prestou atenção em mim.

Fui para o quarto muito feliz porque tinha uma foto minha na sala.

Me deitei em minha cama e dormi.

12º DIA

Hoje eu acordei com muita saudade do meu avô Zeca.

Meu coração está apertadinho de saudade dele.

Lembro das nossas brincadeiras e tudo que fazíamos juntos.

Tem gente que fica morando dentro do nosso coração pra sempre, mesmo que os olhos não vejam.

13º DIA

Fui ao banheiro e uma coisa esquisita aconteceu.

Quis pegar a escova de dentes para colocar minha pasta favorita, sabor morango, e nada.

Minha mão passava pela escova e eu não conseguia segurá-la.

Fui abrir a torneira para lavar a remela dos meus olhos, mas minha mão passou pela torneira.

Resolvi descer para tomar café e lá estavam papai e mamãe em silêncio.

Fiquei ali olhando para os dois, quando minha mãe deixou que uma lágrima caísse dos seus olhos dentro da xícara de café.

Então meu pai levantou-se e a abraçou.

Nessa hora me aproximei e abracei os dois, mas eles não perceberam.

14º DIA

Esse dia foi muito especial, percebi que alguma coisa muito importante aconteceu comigo.

Tentei conversar com eles, mas, mais uma vez, me senti invisível porque eles não me davam atenção.

Tudo era muito estranho, acho que eu estava invisível de verdade.

— Quer saber? – disse pra mim mesmo. – Vou tirar isso a limpo!

Então, fui para a porta de casa para pegar a van, porque queria ir à escola novamente.

Assim que vi a van virar na esquina, fiquei na calçada como sempre fazia, mas o seu Ernesto passou direto, mesmo comigo acenando e gritando ele não parou.

A escola não era muito longe, então resolvi ir a pé.

Queria falar com a Angel de qualquer jeito.

Cheguei à escola e tentei conversar com a galera, mas ninguém me via, nem me ouvia! Entrei em outras classes e nada.

Voltei pra casa e passei o dia no meu quarto.

Alguma coisa tinha mudado e não era pouco. Será que meu poder da invisibilidade agora era definitivo?

Dessa vez fiquei tão irritado porque ninguém falava comigo, que entrei no banheiro das meninas e me aproximei da Carlinha e da Paty, que conversavam em frente ao espelho, e falei com elas, mas que nada, nem me notaram!

15º DIA

Levantei bem cedo e devia ser sábado, porque os meus pais estavam em casa e isso só acontecia no sábado.

— Querida, vamos dar um passeio! – ele disse a minha mãe. – Ficar em casa curtindo tristeza não vai nos ajudar.

— Você está certo... Vamos sair e dar um passeio!

Parece que a minha invisibilidade está ajudando meus pais, porque eu nunca o vi chamando minha mãe para um passeio.

Realmente fiquei transparente de vez, invisível de verdade.

Passei a mão em frente aos olhos do meu pai, enquanto ele lia o jornal e ele nem piscou.

Tampei com as duas mãos a parte que ele estava lendo, e nada, ele ficou ali de olhar preso na leitura da notícia. Lia através das minhas mãos.

Minha mãe estava no banheiro passando batom e se tinha uma coisa que a deixava furiosa era quando eu ficava do lado dela puxando seu vestido.

Decidi correr o risco e peguei na ponta do vestido para puxar, mas que nada, minha mão passava por ele e eu não conseguia segurá-lo.

Nesse momento experimentei uma sensação estranha, como nunca tinha vivido.

Minha mãe virou-se para sair do banheiro e puxou a porta atrás de si no mesmo instante em que fui segui-la.

A porta passou por dentro de mim, ou eu passei por dentro da porta e não senti nada, sei lá.

Fiquei ali parado por alguns segundos e, já que a porta fechou comigo dentro do banheiro, resolvi tentar passar pela parede e sair para o corredor.

Nossa!!!

Enfiei a mão na parede e ela passou até meu cotovelo.

Então tomei coragem e me joguei!

Passei pela parede e não senti nada, nadinha de nada!

Uau!!! Eu podia ultrapassar paredes, portas e janelas.

Podia até entrar na geladeira sem abrir a porta.

E a minha curiosidade foi aumentando.

Então me perguntei: se posso atravessar portas e paredes, será que também posso voar? E fiquei me imaginando com a capa do super-homem dando voos rasantes sobre a escola.

E na minha imaginação, via a Angel na janela da sala da diretora, gritando por socorro e eu, num voo rasante, a salvava.

Preciso fazer um teste!

Já sei!

Vou saltar da sacada do quarto para o meu primeiro voo.

Rapidinho fui para o quarto e subi na sacada, mas assim que percebi a altura fiquei com medo.

Fechei meus olhos bem apertadinhos e pensei bem concentrado.

"Vou descer, vou voar para baixo"

Permaneci alguns segundos de olhos fechados e quando eu abri:

Uau! Uau! Uau!

Levei um susto! Porque eu já estava lá embaixo.

Como foi que eu voei?

Como foi que eu desci lá de cima sem sentir?

Quer saber? Vou fazer o contrário agora!

Dessa vez não vou fechar os olhos para ver o que acontece, que voo rápido é esse que eu nem sinto?

Dei uns pulinhos, corri abrindo os braços, disse a palavra mágica:

SHAZAN!!!

E nada de voar, cocei a cabeça e fiquei desconcertado, sem achar explicação.

Se a Angel estivesse aqui, ela podia me ajudar a voar de novo, fiquei a pensar.

Com certa tristeza apertando meu coração, senti saudades dela.

A imagem da minha amiga ficou dentro da minha cabeça, então fechei os olhos.

Pensei e pensei e pensei nela, e...: opa!!!

Quando abri os olhos, lá estava eu dentro da casa dela.

Tinha voado pra casa dela sem perceber.

Que coisa estranha!

Para voar pra onde quero, eu tenho que fechar os olhos com força e me concentrar.

Quero voar agora pra a sorveteria.

Fechei os olhos e pimba!!!

Lá estava eu dentro da sorveteria.

Agora quero ir para a locadora de games!

Pimba!!! Lá estava eu na locadora!

Agora quero ir encontrar meus pais.

Fechei os olhos e fiquei pensando nos dois, e pimba novamente.

Eles estavam em um restaurante almoçando.

Agora eu não tinha mais dúvidas, estava invisível e podia voar, quer dizer, acho que podia.

Então resolvi pensar na Angel novamente, me concentrei nela, fechando os olhos, e pronto!!!

Ela estava à mesa com os pais para o almoço.

E o pai dela disse:

E eles começaram a fazer uma prece e, quando falaram o meu nome, fui sentindo uma coisa muito boa dentro de mim.

E senti uma energia sair do coração da Angel e me envolver.

Fiquei como se estivesse flutuando de tão levinho.

Aquela sensação gostosa era melhor do que as que eu experimentava quando detonava as fases de nível mais difícil do meu videogame.

Por alguns minutos senti aquela coisa boa.

Então outra coisa estranha e bem ruim aconteceu.

Ouvi minha mãe chorando e chamando meu nome.

E aí veio a surpresa, me senti puxado com muita força para o lado da minha mãe, que ainda estava no restaurante com o meu pai e chorava muito, dizendo:

— Bernardo... Bernardo... Meu filho amado...

Foi como se um ímã gigante tivesse me puxado pra junto dela.

E nessa hora eu senti uma coisa esquisita, uma tontura grande, e também comecei a chorar.

Meu pai foi acalmando minha mãe com palavras de carinho.
Ela foi parando de chorar e aquela atração forte como um poderoso ímã foi perdendo a força.

Comecei a sentir um grande alívio, fui ficando levinho de novo.

Abracei minha mãe, mas ela não percebeu.

Fiquei pensando na Angel e, pimba! Voltei para a casa dela outra vez.

Na sala, o Luizinho estava brincando com alguns carrinhos.

Foi aí que levei um susto!

Ele olhou na minha direção e sorriu.

E, para minha alegria, me chamou pelo apelido:

A Angel, que estava deitada no sofá assistindo ao Cartoon Network, perguntou pra ele, que não parava de sorrir pra mim:

– E apontava pra mim.

Afirmou a mãe da Angel.

Eu agora era um amigo invisível de verdade...

16º DIA – (EU ACHO)

Agora eu já sabia que era invisível para a Angel, mas visível para o Luizinho, e a mãe dela dizia que o menino tinha amigos invisíveis.

Que confusão!

Me aproximei do Luizinho, dizendo:

E, dizendo isso, ele empurrou dois jipes para eu brincar, mas o que eu queria mesmo era o caminhão de caçamba cor de laranja, mas não conseguia pegá-lo. Me deu uma vontade enorme de brincar.

Fiquei ali com ele, e a Angel prestava atenção em tudo que a gente conversava, porque ela percebia que o Luizinho falava comigo de verdade.

Mas é claro que ela não me ouvia, né?

E a mãe dela dizia:

Tive uma ideia! Disse ao Luizinho:

E ele repetiu:

A Angel sorriu, dizendo:

Então eu corri e a abracei, chorei...

E mais um dia se passou.

17º DIA

E eu continuava passando pelas paredes sem precisar mais de portas.

Quando eu sentia que minha a mãe estava chorando, pronto, lá ia eu pra junto dela.

Mas aconteceu algo parecido com o meu pai.

Senti que ele estava bem triste, parecia até que eu ouvia ele chorar.

E nesse momento, em que fiquei pensando muito nele, quando percebi, lá estava eu.

Ele estava no escritório sozinho e com a minha foto na mão.

Fiquei com meu coração apertado, porque ele chorava e acariciava a foto, dizendo:

— Perdão, meu filho, por não ter dado a atenção e o tempo que você merecia!

E eu fiquei falando bem pertinho do ouvido dele:

E repeti isso algumas vezes. Abracei meu pai e senti vontade de colocar a cabeça dele no meu colo.

Então o telefone do escritório tocou e ele atendeu, saindo da sala para uma reunião.

18º DIA

Estava com saudades dos meus amigos da escola e resolvi visitá-los naquele dia.

Passei pelo portão, que já estava fechado, e caminhei até a minha classe.

E lá estava a turma toda e a Angel também, é claro.

Então a professora Vânia deu um aviso:

— Pessoal, amanhã é a missa de um mês do Bernardo. Todos que quiserem ir deverão trazer autorização dos pais, quem não trouxer, vai ficar na escola fazendo atividades.

— Missa de um mês? Pra mim?

Minha curiosidade era a mesma dos meus colegas de classe, e o Guto, um dos meninos que gostava de me chamar de Fantasminha, perguntou:

— Vamos lá nos reunir com a família dele para fazer orações pela alma do Bernardo.

— E o Fantasminha precisa de orações?

Então eu fui da frente da sala de aula até o fundo, dizendo:

A Edna, uma das amigas da Angel, perguntou curiosa:

— Professora, para onde foi o Bernardo?
Foi para o céu? Ele virou "anjinho"?

E eu ouvindo aquilo, passei a mão nas minhas costas, apalpando-as para sentir se tinha nascido alguma asa.

Mas eu não tinha morrido, porque estava vivo ali do lado dos meus amiguinhos e sem asa.

E o que os anjos fazem no céu, professora, ficam voando perto de Deus?

Isso mesmo, Edna! Os anjos ficam ao lado de Deus!

Guto fala sorrindo.

O sinal do recreio toca e todos esquecem o assunto e saem correndo da sala de aula, eu também!

E eu corri pelo pátio atrás dos meninos, como corria antes de ficar invisível de verdade.

Pedrinho, um dos meninos que mais apanhava dos outros garotos, estava sentado no banco sozinho.

Me aproximei dele e me sentei ao seu lado.

Senti um calorzinho gostoso dentro do meu coração, e percebi que do coração dele saia uma energia que ficava a minha volta. Era como se ele me abraçasse.

Foi tão bom sentir aquele calorzinho em meu coração.

Então disse pertinho do ouvido dele:

E parecia que o Pedrinho ouviu a minha voz, porque ele falou emocionado:

E então eu vi um fiozinho invisível, que saía do coração do Pedrinho e se ligava ao meu.

Ele era meu amigo, mas nunca me disse isso!

Não sabia que esse garoto gostava tanto de mim.

Me lembro quando o Guto, o Jorginho e outros moleques foram bater nele certo dia. Então eu entrei no meio deles e disse:

— Ah é? – disse o Lucas, um garoto que treina judô.

Tentei dizer:

— Não é bem assim!

Mas não deu tempo, levei um chute no traseiro e saí correndo enquanto todos ficaram rindo de mim.

Nesse momento o Jorginho se virou para o Lucas e deu um empurrão nele:

Sorri e pensei que meu talento de poeta me servia pra alguma coisa.

Fiquei procurando pelo Pedrinho e não o vi mais.

Decidi ir até a biblioteca...

Levei um susto quando entrei e uma mão me puxou pela gola da camisa, foi aí que o vi.

Era o Pedrinho, que foi muito mais rápido que eu e já tinha se escondido bem antes de mim.

Agora o Pedrinho estava ali sentado no recreio da aula, lembrando de mim e falando como se adivinhasse que eu estava ao seu lado, ouvindo tudo.

Ele se levantou e foi ao banheiro, e eu fui me sentar ao lado da Angel. E disse assim que cheguei ao seu lado.

Fiquei ali com ela, até que tocou o sinal de final de recreio.

A aula recomeçou e foi aí que notei que ninguém sentava na minha carteira.

Não perdi tempo, me sentei no mesmo lugar de sempre.

Na aula seguinte, o professor fez a chamada e quando chegou no meu número, 25, ufa! Respondi bem alto:

Mas ele não me ouviu.

Sala de aula é meio parecida com a casa da gente.

Às vezes todo mundo se dá bem e todo mundo vive em paz, mas às vezes o bicho pega e a gente se pega também.

É guerra de papel e de outras coisas que não posso escrever aqui, porque este diário ficaria impróprio pra você ler.

Mas é verdade que na casa da gente também acontecem certas coisas.

Minha família é pequena, eu, meu pai e minha mãe, mas às vezes a gente nem se falava, parecia que todo mundo estava brigado.

E muitas vezes, na hora do café, eu tentava quebrar o clima e dizia:

– Geleia? – eu só queria que ela passasse a geleia, mas não tinha clima nem pra isso.

18º DIA (PELAS MINHAS CONTAS)

Minha mãe chorava muito, e meu pai também.

A igreja estava cheia de gente da minha escola.

Nunca vi tanta gente nem nos meus melhores aniversários, nem mesmo quando papai contratou palhaços e alugou um buffet.

Estava todo mundo lá, até o Guto e o Lucas, eu não disse que escola é como família? Todo mundo briga junto, ri junto e chora junto.

E às vezes tira nota baixa junto.

A Angel e o Pedrinho também estavam na primeira fila.

E o padre começou a falar e as pessoas começaram a rezar.

Então ele falou o meu nome e todo mundo fez oração junto com o padre e a igreja ficou iluminada e aquela luz imensa iluminou meus olhos e meu coração. E foi como se o Deus de quem o padre falava me pegasse no colo e me balançasse feito criança pequena.

Me aproximei dos meus pais e senti todo carinho e amor que eles tinham por mim.

Pena que eu só sinta isso agora que sou invisível. Parecia que estava visível na saudade deles, que eu estava mais presente dentro do coração dos meus pais.

O Padre então chamou a Profi Vânia, de música, e ela se dirigiu à frente do altar com toda a minha classe.

E meus colegas se posicionaram e após um sinal da Professora começaram a cantar uma música pra mim.

Nunca me senti tão amado, e não sabia que meus colegas de classe gostavam de mim desse jeito.

É coisa de família mesmo!

Eles cantaram e novamente a igreja se iluminou.

E eu vi muitas flores brilhantes caindo do alto da igreja sobre todas as pessoas presentes.

Se eu soubesse que eles gostavam tanto assim de mim, eu teria dado a minha bola oficial para o Guto.

E ao final da missa, uma grande fila se formou para abraçar meus pais.

Eu fiquei ao lado deles e sorria para quem passava, mas que pena, ninguém me via ali.

20º DIA

Depois de tanto carinho, eu fui à escola novamente...

E a diretora Tereza falava para minha classe:

Eu me lembrei que a minha classe ia acampar em um parque ecológico muito conhecido.

Esperei tanto para participar, mas quer saber?

Vou assim mesmo, invisível como sou!

E o Guto se aproximou da Angel e disse:

Sempre achei que garotos, meio brutamontes como o Guto, não podem ficar com garotas doces como a Angel.

Meninas assim devem ficar com garotos sensíveis como eu.

Pelo menos é o que eu acho.

O único problema é que sou um garoto muito sensível e também invisível.

Mas esse acampamento eu não perco de jeito nenhum.

Me lembro que no acampamento do ano passado foi muita confusão.

Fomos para o campo e, quando todos estavam dormindo, ouvimos o rugido de um animal. E todos ficaram com medo em suas barracas.

O Jorginho, que sempre foi valentão e gosta de ver os meninos baterem com a cara em sua mão, pediu para entrar no meu saco de dormir.

Olhei para ele e disse que no meu saco de dormir só cabia um menino.

Então ele me ameaçou e disse que eu cairia de cara no seu punho.

Não teve jeito, abri meu saco de dormir e ele entrou me amassando.

O comentário geral foi que o rugido era de uma onça. E foi difícil dormir novamente, porque o Jorginho não parava de tremer.

Perguntei a ele se era de medo da onça, mas ele disse que não tinha medo de onça, falou que era frio mesmo.

Aí aconteceu o que não podia ter acontecido, fiquei com vontade de ir ao banheiro. Pedi ao Jorginho para abrir o saco de dormir, pois eu estava espremido dentro do saco.

Fizemos um esforço para ficar de pé, os dois juntos no mesmo saco.

Em nossa barraca tinha mais dois garotos, cada um em seu saco de dormir; só eu que paguei aquele mico.

Então a situação ficou pior, porque depois de alguns minutos de silêncio, o rugido ficou mais forte e bem próximo da gente. O Jorginho tremia mais ainda e não conseguia abrir o saco de dormir.

O medo tomou conta de todos e ficamos em silêncio, ninguém se mexia nem dizia nada.

E eu ali me espremendo.

Até que depois de um tempinho de silêncio e sem rugido, o Jorginho disse:

E Jorginho continuou:

– Não tá chovendo dentro da barraca, mas minhas meias estão molhadas.

No dia seguinte, no café da manhã, eu tropecei e quase bati com a minha cara na mão do Jorginho, que foi obrigado a lavar as meias, enquanto eu tive que limpar o saco de dormir.

Essa foi uma das confusões do acampamento do ano passado.

Parecia que eu tinha uma criação de mico, porque tive que pagar outro.

Todos os anos, escolhemos o lugar onde acampar. Tem ano que é na praia, tem ano que é no campo, mas todas as vezes que acampamos no campo, somos divididos em grupos e alguns escolhidos pelo professor saem para pescar no rio para garantir o almoço. Dessa vez o professor indicou o Jorginho e eu como os responsáveis para levar as varas e as iscas de todo grupo.

Pensei que seria escolhido para pescar, mas tive mesmo é que carregar as iscas e as varas com o Jorginho.

E lá fomos nós dois carregando as varas e os baldes com as minhocas.

E ainda ouvimos a recomendação do professor:

Eu ia à frente e o Jorginho atrás.

Eu carregava as varas de pescar no ombro, e o Jorginho, dois baldes de iscas.

Já no meio da ponte estreita, o Jorginho falou:

Eu me virei para ver pra onde ele apontava e, quando fiz isso, bati com as varas, que eram compridas, na cabeça do Jorginho, que se desequilibrou e deixou cair o balde de iscas dentro do rio.

Preocupado com as iscas, eu soltei as varas, que também tiveram o mesmo destino das iscas e foram carregadas pela correnteza forte do rio.

Ninguém ficou sem almoço, mas o Jorginho e eu tivemos que pegar lenha, descascar as batatas e lavar toda a louça após o almoço.

Depois que tudo estava pronto e respiramos aliviados, a turma toda saiu para o banho de cachoeira e o Jorginho e eu tivemos que ficar tomando conta do acampamento.

O Jorginho espalhou pra todo mundo no acampamento que eu tinha feito xixi no pé dele.

Alguns meninos quiseram tirar sarro de mim, mas o professor não permitiu.

Só o Jorginho é que pegava no meu pé me chamando de mijão.

Mas, um mês depois do acampamento, o Guto foi à casa do Jorginho jogar videogame, e no quintal da frente, na casa dele, onde batia o sol, havia um colchão que a mãe do Jorginho deixou lá se bronzeando.

Foi o Jorginho que disse que sua mãe tinha esse costume estranho de colocar o colchão dele no sol para se bronzear.

O Guto ouviu quando a irmã do Jorginho, a Martinha, chegou da escola e, passando pelo Jorginho, disse:

— Choveu na sua cama essa noite? He he he he...

O Jorginho saiu correndo atrás dela "muito feliz" e chamando-a de algumas palavras que não se pode escrever em um diário de respeito.

O Guto ficou quieto, mas um mês depois, quando o Jorginho chegou na escola, toda a classe perguntou por que a mãe dele colocava o colchão para tomar sol.

Dois dias depois, o Guto chegou na escola de óculos escuros. Disse que tinha entrado um cisco e tinha irritado seu olho.

A professora pediu para ver e o Guto teve que tirar os óculos contra sua vontade. Daí todo mundo viu que o cisco tinha deixado o olho dele roxo.

Da mesma maneira que deixou o meu também, quando caí e bati na mão do Jorginho.

21º DIA

O ônibus escolar estava parado na frente da escola e a turma ia chegando com suas mochilas e sacos de dormir.

A Angel chegou junto com a Duda, a grande amiga dela.

Me aproximei e fiquei ali pertinho da Angel, daí disse ao seu ouvido:

Ela sorriu!

Seria tão bom se ela me visse como o Luizinho me vê e brinca comigo.

E todos foram chegando.

O Guto, o Jorginho...

E o ônibus foi enchendo de crianças, mochilas e professores.

Era muita gente falando ao mesmo tempo, até que:

— Silêncio, pessoal! Faltam só dois alunos para seguirmos viagem para o nosso acampamento anual. Só mais um pouco de paciência e eles chegam.

Nesse momento, o Lucas, que estava ofegante com o peso da mochila, entra no ônibus se desculpando pelo atraso.

Eu estava sentado no meio do ônibus, num lugar vazio atrás da Duda, que estava ao lado da Angel.

O Lucas veio pelo corredor do ônibus e, quando chegou na minha poltrona, nem quis saber e sentou em cima de mim.

Não adiantou protestar, eu estava tão feliz indo com meus amigos para o acampamento, que até esqueci que agora eu era invisível de verdade.

Fiquei alguns minutos ali, mas era estranho ficar daquele jeito com ele em cima de mim, então decidi ficar de pé.

— Pessoal, o Pedrinho chegou, só faltava ele! – avisou o professor Leandro.

Jorginho reclamou:

O único lugar disponível no ônibus era ao lado do Jorginho e foi justamente ali que o Pedrinho foi se sentar.

— Como fazemos todos os anos, antes de o ônibus partir, vou dar os avisos e dividir de dois em dois alunos. Vocês sabem que os dois que ficarem juntos devem se ajudar e se proteger.

O Jorginho olhou para a cara do Pedrinho e disse:

— Antes das instruções e da divisão das duplas, vou fazer a chamada!

E o professor começou a chamada por ordem alfabética:

— Angel!

— I am! – respondeu a Angel com aquela mania que ela tinha de responder a chamada em inglês.

Quando chegou na letra B, ele chamou Beatriz, e para surpresa de todos, chamou:

Gritei sorridente e levantando a mão.

Haviam esquecido de retirar meu nome da lista de chamada.

Então houve um silêncio geral.

Na hora em que respondi bem alto a chamada, eu estava olhando para o Pedrinho e, quando gritei, ele pareceu ouvir, pois ficou olhando para todos os lados como se estivesse me procurando.

E todos ficaram quietos.

O Pedrinho levantou a mão e disse:

O professor Leandro não esperava aquele pedido, mas concordou:

— E quem vai fazer a prece?

Todos se mantiveram em silêncio.

Até que o Lucas, com ironia, sugeriu:

— Pode fazer, Jorginho! – pediu o professor.

Jorginho tremia muito, então eu fui para o lado dele e o abracei.

Ele pareceu sentir minha presença e sorriu.

— Tá bom! Eu faço!

E, emocionado, falou assim:

— Pai nosso que está no céu, abençoe o Fantasminha... Amém!

E do coração dele saiu uma energia boa que senti.

E me senti muito bem, e fiquei feliz!

A Angel ficou com os olhos molhados, assim como outros alunos.

— Pessoal! – o professor Leandro começou a falar. – Nesse ano nosso acampamento será novamente no campo, como foi decidido por vocês na votação. Iremos para um lugar diferente, onde nunca fomos. É muito bonito e perto das montanhas...

– Tem cachoeira? – o Lucas perguntou.

– Tem...

O Jorginho ficou olhando para ele com raiva e apontando com os dois dedos em forma de "V" para os próprios olhos e depois apontava para o Lucas.

O professor terminou de dar os avisos.

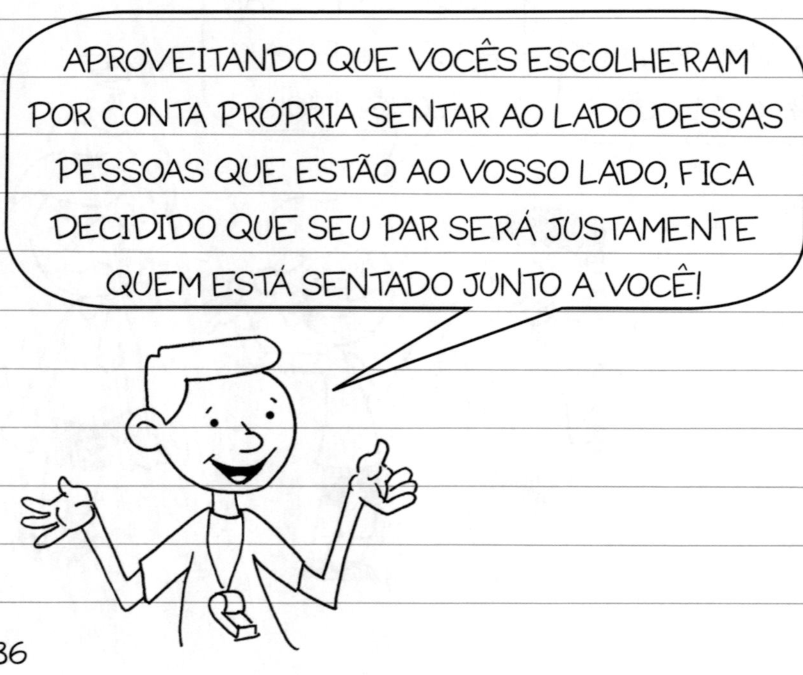

O Jorginho olhou para o Pedrinho e fez uma cara muito estranha.

Então o ônibus partiu e a alegria era geral.

Eu estava feliz por estar ali com os meus amigos, mas de vez em quando sentia uma certa tristeza.

Eu não sabia o que era, mas meu coração se apertava.

Fiquei mais animado quando a galera começou a cantar:

"Além da montanha deve ter
Algum lugar bonito pra gente acampar
Onde eu possa encontrar a natureza
A alegria e tomar banho de cachoeira
Lá no acampamento o amanhecer é lindo
Com meus colegas eu festejo
Mais um dia que vem vindo
Além da montanha existe um lugar
Bonito e tranquilo pra gente acampar"

E depois de muito tempo na estrada, finalmente o ônibus parou.

E todos desceram felizes.

— Vamos nos organizar em fila de dois, para a caminhada. – disse o professor. — Temos pelo menos uma hora de caminhada até chegarmos perto da cachoeira onde iremos acampar.

Mas todos se ajeitaram e, ao som do apito, a galera partiu.

Eu ia no meio deles, sorrindo e cantando.

Não gosto dessas coisas de escrever um diário e colocar nele, tipo: "Querido diário e blá, blá, blá", pois esse é um diário diferente e no final você vai entender por quê. Mas então, lá vai: querido diário, agora é que as coisas vão ficar quentes!

E a turma toda ia reclamando e, a toda hora, alguém perguntava:

— Falta muito?

— Não! – o professor respondia.

E mato e mais mato depois:

— É ali na frente! – ele avisou.

Todos gritaram:

— Viva!!!

— Mas só depois de armarem as barracas e deixarem o acampamento pronto!

E todos resmungaram ao mesmo tempo.

— Agora vamos distribuir as tarefas! – e o professor apontava dizendo:

— Jorginho e Pedrinho, depois de arrumarem suas barracas, podem ir apanhar gravetos para a fogueira. Angel e Duda, após arrumarem suas barracas, me ajudem a organizar o acampamento, os primeiros socorros e as outras coisas!

Todo mundo começou a trabalhar e, em mais uma hora, tudo estava pronto.

E o professor Leandro levou todos os alunos para a cachoeira.

Antes ele inspecionou geral para garantir a segurança de todos os alunos.

Então todos caíram na água e foi muito divertido ver toda aquela festa.

Me lembrei do meu avô Zeca.

Pensei nele com tanta saudade e me senti bem triste.

A imagem do meu avô ficou como uma foto dentro da minha cabeça.

E foi nessa hora, meu amigo diário, que algo maravilhoso aconteceu.

Ouvi alguém chamar meu nome.

Fiquei olhando para todos os lados para ver de onde vinha aquela voz.

Não consegui descobrir quem me chamava.

E eu ainda ouvia aquela voz:

Me desliguei de tudo que acontecia perto de mim, e reconheci a voz, ao mesmo tempo que ele surgia em minha frente.

Eu não sabia se ria ou se chorava.

E, usando de toda força do meu coração, gritei:

— VÔ ZECA!!!

Era ele que estava ali a minha frente! Como pode isso?

Nos abraçamos e ficamos ali, sem nos soltarmos.

Quando nos afastamos, eu olhei pra ele e perguntei:

E ficamos ali conversando e meu avô me contando tudo. E ele me contou sobre a viagem dele para esse novo mundo.

Eu disse a ele que não me lembrava de nada, apenas que tinha saído para ir à escola e, depois de ouvir um grande barulho, não conseguia me lembrar das coisas.

Então ele me disse que todas as pessoas viajam de volta para esse mundo em que estávamos agora, quando deixam a vida no corpo físico.

Vovô falou que estava na hora de deixar os meus amigos e ir com ele para um novo local onde eu era esperado.

Meu amigo diário, o vô Zeca disse que, mesmo morando nesse mundo novo, eu levaria em meu coração todas as pessoas que eu amava.

— A Angel também? – perguntei pra ele.

— Todas as pessoas que você gosta sempre estarão com você em seu coração. Quando amamos, nossos corações ficam unidos para sempre. São como fios invisíveis que ligam nosso coração ao coração das outras pessoas.

— E meus pais? – quis saber.

— Seus pais estão unidos a você pelo amor também!

Perguntei ao meu avô se Jorginho, Guto, Lucas e Pedrinho também estavam ligados a mim.

Ele disse que sim.

E fiquei enchendo meu vô de perguntas:

— Eu não sou um fantasminha?

— Você não é um fantasminha, você é um menino como tantos outros!

— Como posso passar pelas paredes e portas?

— Você é um espírito! – vovô falou. – E como espírito, você agora tem um corpo diferente, que não é mais visto pelos olhos humanos, mas você vai aprender tudo isso depois que formos para a colônia espiritual.

— Quero saber só mais uma coisinha, vô, posso?

— Pergunte!

— Por que o irmão da Angel consegue me ver, e o Pedrinho parece me ouvir e sentir minha presença?

Então meu vovô me explicou que algumas pessoas têm essa sensibilidade, como se tivessem antenas invisíveis e conseguissem captar a presença de espíritos como nós dois.

Essas pessoas são chamadas médiuns e algumas crianças têm essa sensibilidade até certa idade e chegam até a ver espíritos como eu. Foi isso que aconteceu com o Luizinho.

Meu avô me abraçou com muito carinho mais uma vez.

Vovô ouviu tudo o que eu disse e me pediu para ter paciência com meus pais, que agora sentiam muito remorso com a minha partida. Nessa hora, meu amigo diário, meu coração ficou acelerado e meu avô segurou na minha mão. Sem que percebesse, rapidamente estávamos na casa dos meus pais.

Meu avô falou:

– Viemos visitá-los, para você se despedir deles, Bernardo,

E papai estava abraçado à mamãe e os dois estavam muito tristes.

Meu coração ficou muito apertado.

– Quer abraçá-los? – vovô me perguntou.

Respondi que sim, que daria tudo para receber deles o abraço e o carinho que agora eles queriam me dar.

Vô Zeca falou que tínhamos que esperar eles dormirem primeiro, para depois acontecer o encontro.

Ele me explicou que quando as pessoas dormem elas sonham e se encontram com pessoas queridas que não estão mais no mundo físico.

Papai e mamãe, depois que dormissem, iam sair do corpo físico e, como espíritos, poderiam me ver e me abraçar.

E ficamos ali esperando, até que eles adormeceram.

Então, depois de algum tempo, eu os vi se levantarem da cama e saírem de seus corpos.

Eu disse:

— Papai... Mamãe... Sou eu, Bernardo!

Meus pais me olharam e uma grande emoção tomou conta de todos nós.

Recebi deles abraços como nunca havia sentido antes, beijos de ternura que me fizeram sentir como um passarinho que volta para o ninho, depois de ter ficado fora dele durante muito tempo.

Ninguém conseguia dizer nada.

Meu vovô assistia a tudo com seus olhos cheios de lágrimas.

Até que papai falou:

Abracei ele e coloquei minha mão em sua boca para que ele não falasse mais.

Mamãe quis abrir a boca e eu não deixei.

Que gozado, pensei: "Quando eu tinha corpo ninguém me enxergava, agora que não tenho mais corpo é que me enxergam."

– O que podemos fazer para que você receba nosso amor? – mamãe perguntou.

Então vovô, que estava calado até aquele momento, disse:

Papai olhou para mamãe, que emocionada abraçou o vovô Zeca.

Ficamos ali reunidos por algum tempo, até que meus pais voltaram para o corpo novamente. E quando acordassem pela manhã, guardariam a emoção do nosso encontro, do sonho comigo.

Meu vô disse que iríamos esperar eles despertarem pela manhã.

22º DIA (SEI LÁ)

E quando amanheceu, o sol veio enfeitar o dia com suas cores iluminadas.

Meus pais despertaram e mamãe, olhando para papai, falou sorrindo:

— Tive um sonho maravilhoso com nosso filho e o meu pai!

Papai sorriu também e, com seus olhos cheios de lágrimas, disse emocionado:

— Que coincidência! Eu também sonhei com o Bernardo!

— Sabe, querida... - ele falou para mamãe.

Vovô, que estava ao meu lado, apertou a minha mão sorrindo de emoção e felicidade.

Então papai disse:

— Já sei! Como era o apelido do nosso filho na escola?

— Na escola ele era chamado de Fantasminha. - mamãe falou sem graça.

— Então é isso! Vamos criar a Associação Protetora dos Fantasminhas! – meu pai disse sorrindo.

Meu avô me abraçou e deixamos meus pais ali planejando como iriam ajudar crianças que, como eu, são invisíveis para os pais e a sociedade.

— Vovô, como podemos ajudar as pessoas que amamos sem estarmos vivos?

— Nós estamos vivos, mas sem corpo de carne. Podemos ajudar pelo pensamento, Bernardo! A gente se aproxima de quem ama e tenta inspirar com bons pensamentos. Podemos estar ao lado, ou não, procurando ajudar sempre com bons pensamentos.

Me lembrei que fiz isso na minha casa quando desci do andar de cima para o andar de baixo, me concentrando e pensando no lugar que queria estar. Quando fui para a casa da Angel, foi a mesma coisa.

Meu avô me disse que eu iria aprender muita coisa na hora certa.

Dei um beijo em meu avô.

Olhei para o meu avô e fiquei muito feliz por ter um amigo como ele.

Nesse instante comecei a ouvir uma pessoa me chamando.

Do mesmo jeito que aconteceu com minha mãe e meu pai, mas a voz era diferente.

— É alguém que está pensando muito em você e te chamando pelo pensamento. – vovô me explicou.

Pedi ao vovô para me acompanhar, mas ele disse que não poderia e que ficaria me esperando ali na casa dos meus pais.

Me concentrei, atendendo ao pedido do vovô, e fui atraído até a floresta.

Lá estavam a Angel, o Jorginho, a Duda e o Guto, todos eles muito assustados.

A Duda estava em silêncio, segurando a mão da Angel.

Eu descobri que a voz que me chamava era da Angel.

Será que a Angel é uma dessas crianças que consegue falar com seu amigo invisível? É claro que sim! Se estou ouvindo o pensamento dela.

Resolvi fazer um teste e fechei meus olhos, deixando só a Angel dentro da minha cabeça e fiquei pensando e pensando nela.

Eu disse mentalmente e ela respondeu:

NOS AJUDE, BERNARDO, SEI QUE VOCÊ NÃO MORREU!

E agora, como é que poderia ajudar?

— Vou ajudar, mas preciso descobrir como fazer isso! Respondi e ela pareceu se acalmar.

Jorginho, com cara de assustado, começou a caminhar e foi seguido por todos. E eu ia logo atrás.

Andamos muito tempo, mas a floresta ficava cada vez mais fechada de árvores.

Se ao menos meu avô Zeca estivesse aqui.

Me concentrei nele e fiquei pedindo para ele aparecer e me ajudar, mas nem sinal do meu avô. Ele não veio.

Assim que o grupo chegou em uma clareira, a Angel pediu para descansar.

O Jorginho admitiu:

Nesse instante a Duda começou a chorar e o Jorginho também.

- Não acredito nisso! – a Angel disse balançando a cabeça. – Mas, calma pessoal, vamos fazer uma fogueira, o dia passou depressa e daqui a pouco vai anoitecer. Andamos muito tempo. Tenho certeza de que alguém virá nos socorrer, mas vamos ficar calmos!

Enquanto isso eu ficava pensando no que poderia fazer para ajudar meus amigos.

A Angel abraçou a Duda, e junto com o Guto e o Jorginho começaram a juntar gravetos para uma fogueira.

Depois de um bom tempo tentando, conseguiram acender uma pequena fogueira e ficaram ali juntinhos.

Todos ouviram o barulho de um helicóptero ao longe, mas depois de alguns minutos, o silêncio novamente.

Nessa hora me lembrei da conversa que tive com meu avô. Ele me ensinou que podemos tentar influenciar as pessoas pelo pensamento. Talvez estivesse aí a solução! Mas como fazer isso?

Lembrei do Pedrinho, dos outros alunos e do professor Leandro.

Todos deviam estar muito preocupados com meus amigos que estavam perdidos.

Foi pensando no Pedrinho que tive uma ideia.

Me concentrei e cheguei rapidamente ao acampamento. Ele estava num canto, quieto, sentado em uma pedra.

Me aproximei e comecei a conversar com ele:

E insisti com o mesmo pensamento, até que ele pareceu captar minha sugestão.

Diferente da Angel, ele sentia minha presença de maneira muito mais intensa. Tive a certeza de que eu conseguia me comunicar com ele.

Pedrinho foi até o professor, que conversava com um oficial dos bombeiros, e corajosamente disse:

O professor Leandro duvidou do que o Pedrinho dizia, mas o bombeiro, vendo ali mais uma possibilidade de achar as crianças perdidas, aceitou a ajuda dele e rapidamente um grupo de busca partiu, tendo o Pedrinho e eu à frente.

E eu fui orientando o Pedrinho, que, por sua vez, ia levando as pessoas pela floresta adentro.

Caminhamos por uma hora, e o Pedrinho caminhava com tanta confiança que não deixava dúvidas ao professor, que agora acreditava nele.

E pouco tempo depois, o grupo de busca avistou a pequena fogueira.

E a gritaria foi geral.

Todos festejavam aquele momento, abraços e mais abraços.

Então, o professor, chamando o Pedrinho, fez a pergunta esperada:

— Como é que você sabia onde encontrar os seus amigos?

E o Pedrinho respondeu sem medo algum:

Ouviu-se então a voz da Angel, que falou sorrindo:

O professor Leandro olhou para o bombeiro e os dois sorriram sem acreditar.

Nesse momento o meu avô chegou sorrindo.

— E então, conseguiu ajudar os seus amigos?

Desconfiado, perguntei a ele:

— E por que o senhor não veio me ajudar?

— Simplesmente porque você já aprendeu que estamos sempre juntos pelos laços de amor e que o pensamento é um instrumento de comunicação entre esse mundo invisível em que vivemos e o mundo dos seus amigos.

— E agora, vovô? O que vamos fazer?

— É hora de partirmos para a nova etapa de sua vida.

— E como é que eu vou levar o "Diário de um Fantasminha" para os leitores?

— Você já tem a resposta para isso, olhe para o seu amigo Pedrinho, ele é o instrumento perfeito para escrever o seu primeiro diário.

E foi com a ajuda do Pedrinho que escrevi este meu primeiro diário.

Foi por isso que eu disse, no começo deste diário, que ele foi escrito por duas cabeças e uma mão.

Assim como o Pedrinho, existem pessoas de todas as idades que são instrumentos de comunicação entre os dois lados da vida.

Meu diário amigo, faltou contar só mais uma coisa que lembrei agora.

O Jorginho foi o responsável pela galera se perder na floresta, porque ele disse que um garoto como ele jamais se perderia e que todos podiam confiar nele.

Com esse "blá, blá, blá" ele se embrenhou cada vez mais na floresta e todos se perderam.

No primeiro dia de aula, depois do acampamento, o Jorginho chegou à escola com o olho roxo.

A Angel não conseguia segurar a caneta, porque estava com os dedos da mão inchados.

Perguntaram pra ela por que os dedos estavam inchados e ela respondeu:

— Por acidente, o Jorginho escorregou e bateu com o olho na minha mão, que, justamente naquele momento, estava fechada.

Eu gosto dela, querido diário, é uma amiga para todas as horas!

Adeilson Salles

Natural do Guarujá, litoral de São Paulo.
É escritor, palestrante e poeta premiado pela Prefeitura Municipal do Guarujá.
Até o momento, tem 101 livros publicados para crianças, jovens e adultos.
Alguns de seus títulos são paradidáticos e foram adotados em escolas públicas e particulares.
Sua obra, de cunho infantojuvenil, também foi adaptada para o teatro e traduzida para a língua inglesa.
O êxito de seu trabalho se reflete na participação constante nas maiores bienais e feiras do livro do Brasil.
Atua como palestrante e contador de histórias em centros espíritas, escolas públicas e particulares, universidades e empresas.

Rui Joazeiro

Sou publicitário, escultor e ilustrador. Fiquei muito contente em fazer parte deste projeto da Intelítera Editora e dar "vida" ao "Diário de um Fantasminha 1". Espero que curtam de montão esta obra literária, feita com muito carinho, de todos nós para vocês.

Para receber informações sobre nossos lançamentos, títulos e autores, bem como enviar seus comentários, utilize nossas mídias:

intelitera.com.br
atendimento@intelitera.com.br
youtube.com/inteliteraeditora
instagram.com/intelitera
facebook.com/intelitera

Redes sociais do autor:

youtube.com/Adeilson Salles
instagram.com/adeilsonsallesescritor
facebook.com/adeilson.salles.94

Esta edição foi impressa pela Lis Gráfica e Editora no formato 140 x 210mm. Os papéis utilizados foram o papel Off Set 75g/m² para o miolo e o papel Cartão Supremo 250g/m² para a capa. O texto principal foi composto com a fonte CoopForged 14,5/22,5.